AF723106

Christian Eckert

Gladiatoren-Kochbuch

Zauberfeder Verlag, Braunschweig, Germany

Christian Eckert
Gladiatoren-Kochbuch
Originalausgabe © 2014 Verlag J. Neumann-Neudamm AG

5. Auflage 2025

Copyright © 2019 Zauberfeder GmbH, Braunschweig

Text: Christian Eckert
Lektorat: Stephan Naguschewski
Food-Styling: Tino Kalning
Fotos: Jens Christoph, Christian Eckert, Fotolia
Capitalis-Monumentalis-Schrift: Norbert Bartz
Artdirection: Christian Schmal
Satz und Layout: Heike Philipp, Christian Schmal
Herstellung: Tara Moritzen
Verlag: Zauberfeder GmbH, Witzlebenstr. 2, 38116 Braunschweig, Deutschland, info@zauberfeder.de
Druck und Bindung: Dardedze hologrāfija SIA, Riga

Bildnachweise
Jens Christoph, Seiten 6, 14 (unten), 18, 19, 22, 25, 29, 30, 35, 36, 39, 40, 43, 44, 47, 48, 51, 52, 55, 56, 60, 62/63, 64, 67, 71, 72, 75, 76, 79, 80, 83, 84/85, 87, 88, 90/91, 92, 95, 96, 98, 99, 101, 102, 105, 106, 110/111, 112/113, 114, 116, 117, 120, 123, 124. Feenstaub (Adobe Stock), Seiten 7, 10, 32/33, 58/59, 68/69, 108/109, 118/119, 126, Vorsatzpapier. Christian Trapp (Adobe Stock), Seite 8. Christian Eckert, Seiten 9, 12, 15, 16, 17. Mathias Kabel (Wikipedia, CC-BY 2.5), Seiten 10, 11. savoieleysse (Adobe Stock), Seite 10. nito (Adobe Stock), Seite 10. Andrey Starostin (Adobe Stock), Seite 21. HLPhoto (Adobe Stock), Seite 23. Printemps (Adobe Stock), Seite 31. julynx (Depositphotos), Schmuckornamente. alvaroc (Depositphotos), Schmuckornamente.

Alle Messer und Schwerter auf den Fotos des Autors sind aus der Schwertschmiede von Stefan Fromm.

Alle Rechte vorbehalten.
Kein Teil dieses Werkes darf ohne schriftliche Einwilligung des Verlags in irgendeiner Form (Fotokopie, Mikrofilm oder ein anderes Verfahren) reproduziert oder unter Verwendung elektronischer Systeme verarbeitet, vervielfältigt oder verbreitet werden.

Printed in Latvia
ISBN: 978-3-938922-99-6
www.zauberfeder.de

Hinweis:
Das vorliegende Buch ist sorgfältig erarbeitet worden. Dennoch erfolgen alle Angaben ohne Gewähr.
Autoren und Verlag bzw. dessen Beauftragte können für eventuelle Personen-, Sach- oder Vermögensschäden keine Haftung übernehmen.

CHRISTIAN ECKERT

GLADIATOREN KOCHBVCH

Zauberfeder

Inhalt

Vorwort – Warum ein Gladiatoren-Kochbuch?

Es war eine äußerst faszinierende Erfahrung, einmal zu erleben, wie sich die Gladiatoren des alten Roms gefühlt haben müssen. Wir trainierten, kämpften und aßen wie die römischen Vorzeigeathleten und verbrachten im Rahmen des Projektes der Universität Regensburg einen spannungsgeladenen Sommer im römischen Amphitheater von Carnuntum/Österreich.

Als ich einige Zeit später unterwegs war, um den einen oder anderen Vortrag über dieses Projekt zu halten, berichtete ich nicht zuletzt über die Auswirkungen, die die gladiatorische Ernährung während des Projektes auf unsere Körper gehabt hatte. Das Publikum war begeistert und die Idee zum diesem Buch geboren.

Dennoch hatte ich meine Zweifel an der Realisierbarkeit solch eines Buchprojektes, die der Verleger Heiko Schwartz jedoch recht schnell zerstreuen konnte. Und dann war es endlich fertig – mein Gladiatoren-Kochbuch über das Leben und die Ernährungsweise der römischen Gladiatoren, über die gesundheitlichen Vorzüge einer gladiatorischen Ernährung in der heutigen Zeit und mit einer Vielzahl an Rezepten zum Ausprobieren oder zum Inspirieren lassen.

Ihr Christian Eckert

Achtung: Einige Rezepte sind historisch korrekt, bei anderen wurde historisierend gearbeitet – es wird mit heutigen, leicht zu beziehenden Zutaten gekocht, sodass die Gerichte aussehen und schmecken, wie die römischen Orignale es taten, sie sind aber nicht streng authentisch. Schließlich ist dies ein Kochbuch zum Kochen, ein praktisches Kochbuch, um heute mit uns zur Verfügung stehenden Mitteln und Zutaten nachzukochen, was die Gladiatoren aßen.

Der historische Gladiator

Gladiatoren waren professionelle Kämpfer im Römischen Reich, die zu Unterhaltungszwecken vor Publikum kämpften. Die Gladiatur erfreute sich vom 2. Jahrhundert v. Chr. bis zu ihrer Auflösung Anfang des 5. Jahrhunderts n. Chr. großer Beliebtheit. Die Bandbreite der Kämpfer reichte von der umherziehenden Gladiatorengruppe, vergleichbar mit Kirmesboxern, bis hin zu hoch dotierten Kämpfern in den großen Arenen des Reiches, vergleichbar mit den heutigen Größen des Profiboxsports.

Die römischen Gladiatoren setzten sich aus Freiwilligen, angekauften Sklaven und zum Gladiatordienst verurteilten Straftätern zusammen. Für mehrere Jahre gehörte der Gladiator dem Lanista, dem Besitzer eines Ludus, der Gladiatorenschule. Er war sozusagen ein Sklave auf Zeit, der jedoch im Unterschied zum normalen Sklaven heiraten und auch ein Vermögen aus seinen Preisgeldern ansparen durfte. Zu Beginn seiner Tätigkeit als Gladiator wurde er für mindestens ein bis zwei Jahre in der Gladiatorenschule ausgebildet. Erst nach langem Training und intensiver Vorbereitung gab er sein Debüt in der Arena als einer der besten und virtuosesten Kämpfer seiner Zeit.

Innerhalb der Schule waren die Gladiatoren in eine strenge Hierarchie eingegliedert, wobei Herkunft, Ausbildungsstand und Kampferfolge den Rang bestimmten. Sie waren in Pali, die Pfähle, an denen sie ihr Training begannen, unterteilt. Man geht heute von vier Rangstufen aus, die festlegten, wie viel ein Gladiator wert war und was er folglich verdiente.

Das Training fand ausschließlich mit Holzwaffen statt. Es war von erklärtem Interesse, den Gladiatoren keine Metallwaffen an die Hand zu geben, da die Wachen der Gladiatorenschule sonst ihren Bedrohungsvorteil eingebüßt hätten. Der Gladiator war ein Hochleistungsathlet und stellte das absolute Maximum antiker Kampfkraft dar. Ihm scharfe Waffen zu geben, wäre äußerst leichtsinnig gewesen. Man hatte den Aufstand des Gladiators Spartacus (73 v. Chr.) nicht vergessen und sorgte seitdem dafür, dass es keine größeren Ansammlungen von Gladiatoren gab und ihnen der Zugang zu scharfen Waffen stets verwehrt blieb. Aus diesem Grund bekamen sie ihre eigentlichen Kampfwaffen auch erst innerhalb der Arena, nachdem diese vom Editor, dem Veranstalter der Spiele, geprüft worden waren.

Das Gladiatoren-Projekt

Im Jahr 2010 wurde von der Universität Regensburg ein interdisziplinäres Projekt zwischen dem Institut für Geschichte und dem Institut für Sportwissenschaft durchgeführt: das Gladiatoren-Projekt. 28 Studenten wurden zunächst fünf Monate lang darauf vorbereitet, im Sommer für 40 Tage im römischen Amphitheater von Carnuntum (heute Bad Deutsch-Altenburg in Österreich) wie römische Gladiatoren zu leben, zu essen und zu trainieren. Ziel war es, die sportphysiologischen Veränderungen an Menschen der Gegenwart durch antike Trainingsweisen zu erforschen. Schwerpunkte waren dabei unter anderem die Rekonstruktion eben dieser Trainingsweisen, die Rekonstruktion der Regeln für den Kampf in der Arena und die Überprüfung von Ausrüstungsrekonstruktionen auf ihre Tauglichkeit.

Das vollständige System der historischen Gladiatur konnte in seiner Gesamtheit nicht in diesen 40 Tagen simuliert werden. So wurden lediglich Subsysteme nachgestellt, die allerdings in allen beschreibbaren Dimensionen möglichst korrekt sein sollten.

Zu Beginn des Trainings und des Daseins als Gladiator wussten die modernen Projektteilnehmer wenig von Kampfkunst – gerade wie auch ihre antiken Vorbilder. Folglich war vor allem der Beginn der Ausbildungszeit für einen Vergleich geeignet. Die Projektteilnehmer mussten zunächst die physischen Voraussetzungen zu einer Kampffähigkeit erlangen, während die Kondition der historischen Gladiatoren bereits zu Beginn ihrer Ausbildung, aufgrund anderer Lebensumstände, eine deutlich bessere gewesen sein dürfte.

Bezüglich des Pensums und der nachhaltigen Veränderung der Körperlichkeit ähneln sich das Training eines Gladiators und das eines Profikampfsportlers durchaus, und auch die Häufigkeit der Kämpfe ist vergleichbar, denn der Gladiator kämpfte, wie seine modernen Nachfahren, ebenfalls nur alle drei bis vier Monate.

Auf dem kleinen, abgeschlossenen Trainingsgelände von Carnuntum ließ sich auch die räumliche Einschränkung der Gladiatoren durch die Internierung in einem Ludus am ehesten simulieren.

Die Athleten mussten barfuß, mit freiem Oberkörper und nur mit einem Subligaculum, dem Lendenschurz, bekleidet, stets im Freien trainieren. Das Laufen ist barfuß ein ganz anderes als in Schuhen – die Füße werden anders gesetzt und auch die Schrittarbeit ist eine andere. Ob das Training bekleidet oder eben halb nackt stattfindet, macht vor allem auch psychisch einen enormen Unterschied. Aufgrund der speziellen Kleiderordnung haben Wechsel von Sonne, Regen, Wind, Licht und Temperatur einen stärkeren Einfluss auf die Bewegungsabläufe: der direkte Blick in die Sonne wird beispielsweise vermieden und man bleibt in Bewegung, wenn es kalt ist.

Es musste dem historischen Vorbild entsprechend auf Sand trainiert werden, denn die Schrittarbeit variiert auch auf jedem Untergrund. Gleitschritte zum Beispiel, die in einer Halle möglich und sinnvoll sind, sind im Sand unmöglich. Dafür ist hier der Stand sehr fest, obgleich man die Füße sehr gut drehen kann. Der Sand war das wesentlichste Merkmal des Austragungsortes. Anfangs wurden vorhandene Plätze in Rom einfach durch das Aufstreuen von Sand zu Kampfarenen umfunktioniert, später baute man dauerhafte Amphitheater um die Kampfplätze. Der Name Arena rührt vom lateinischen Harena her, was schlicht Sand bedeutet.

Moderne Trainingsmittel durften während des Projektes nicht eingesetzt werden. Den Schwerpunkt bildeten Übungen mit dem eigenen Körpergewicht, sogenannte Bodyweight Exercises. Es gab auch keine Dauerläufe, da die Gladiatoren die Kaserne ja nicht verlassen konnten. Auch hier mussten andere Trainingsformen angewendet werden, wie zum Beispiel Zirkeltraining, Sparring und Pratzen- und Sackarbeit. Als Trainingsmittel dienten Steine (simuliert durch Medizinbälle), Seile, Stöcke und Pfähle.

Die Armatura, die Gladiatorentypen

Im Projekt wurden sechs Armatura, sogenannte Gladiatorentypen, nachgestellt, die in zwei Großgruppen, die Scutati, Großschildner, und die Parmati, Kleinschildner, eingeteilt waren. Jeder Gladiatorentyp hatte einen oder zwei bestimmte Gegner.

SCVTATI *(Großschildner)*	PARMATI *(Kleinschildner)*
Murmillo, der Fischmann, war mit einem großen Rechteckschild und einem kurzen Schwert bewaffnet. Er kämpfte gegen den Thraex oder den Hoplomachus.	Thraex, der Thraker, war mit einem kleinen Rechteckschild und einer Sica, einem Sichelschwert, bewaffnet. Er kämpfte nur gegen den Murmillo.
Secutor, der Verfolger, war wie der Murmillo bewaffnet, hatte jedoch einen speziellen Helm, der ihn besonders gegen den Dreizack seines Gegners, des Retiarius, schützte.	Hoplomachus, der Grieche, war mit einem kleinen Rundschild und einer Hasta, einer Stoßlanze, bewaffnet. Er kämpfte nur gegen den Murmillo.
Provocator, der Herausforderer, hatte einen großen Ovalschild und ein etwas längeres Schwert als der Murmillo. Sein Helm ähnelte dem eines Legionärs. Er kämpfte ausschließlich gegen andere Provocatoren.	Retiarius, der Netzkämpfer, war mit Dreizack und Netz bewaffnet. Als Schutz hatte er lediglich einen übergroßen Schulterpanzer. Er kämpfte nur gegen den Secutor.

Diese Unterschiedlichkeit der Gladiatorentypen stellte die Trainingsplanung vor ein großes Problem. Wie sollten die abweichenden Anforderungen der einzelnen Typen an das Training realisiert werden? Wie sollte eine Konkurrenz zwischen einer Armatura und einer anderen vermieden werden?

Eine Analyse der Elemente eines Kampfes brachte die Lösung: Es wurden sogenannte Buddy-Teams, Gladiatoren, die immer zusammen trainierten, gebildet. Freie Kämpfe wurden ausschließlich gegen Gladiatoren anderer Teams durchgeführt. So entstand eine Konkurrenz zwischen den Teams, aber nicht zwischen den Armaturis.

Die fünf Elemente des Kampfes

Ein Kampf ist das Austragen eines Konfliktes. Ein Konflikt entsteht, weil zwei oder mehr Kontrahenten sich gegenseitig ausschließende Ziele haben. Es kann ein Spiel, ein Wettkampf, ein Streit oder sogar ein Krieg sein. Die Wesenhaftigkeit des Kampfes bleibt in jeder Dimension gleich.

Das erste Element des Kampfes sind die physischen **Grundlagen**, wie Kraft, Ausdauer und Schnelligkeit, die einen Kämpfer überhaupt erst in die Lage versetzen, zu kämpfen. Diese Grundlagen scheinen so banal, dass man geneigt ist, sie ganz zu übersehen und einfach zu übergehen. Ein gut strukturiertes Training ist hierbei jedoch besonders wichtig, da sich jede Verbesserung der Attribute direkt auf die Qualität der folgenden Elemente auswirkt.

Das zweite Element des Kampfes bildet die **Bewegung**. Der menschliche Körper kann aufgrund seiner Anatomie nur eine sehr begrenzte Anzahl von Bewegungen ausführen. Kämpfen ist ein ganzheitlicher Prozess. Das Lehren einer bestimmten Bewegung ist dabei die kleinste didaktische Einheit. Meist verwendet man Bewegungsketten, ein Aneinanderreihen von Einzelbewegungen. Diese Bewegungen nehmen gegenseitig aufeinander Einfluss, verstärken oder neutralisieren sich. Sie bilden Gruppen und funktionale Bedingtheiten.

Das dritte Element ist die **Technik**. Eine Technik benutzt eine Bewegung oder Bewegungsketten. Sie ist immer eine Handlung am oder mit Bezug auf den Gegner. Jedoch ist nicht gleich jede mögliche Bewegungskette eine Technik. Die Technik erfährt ihren Sinn aus ihrer Wirkung auf den Gegner. Dies kann ein Schlag, eine Schlagkombination, ein Wurf oder etwa ein Konter oder eine Meidbewegung sein.

Das vierte Element ist die **Taktik**. Sie lehrt, wann und wo welche Techniken angewendet werden können oder müssen. Taktiken setzen sich aus einer oder mehreren Technikoptionen zusammen.

Das fünfte Element bildet die **Strategie**. Sie lehrt den Gebrauch der Taktiken. Strategie bedeutet, dass die individuell sinnvollsten Taktiken oder sogar auch nur die individuell möglichen Taktiken realisiert, trainiert und angewendet werden. Strategie ist ohne eine Analyse des Charakters der Kontrahenten nicht möglich.

Elemente des Kapfes

WAS KANN VON ALLEN GEMEINSAM TRAINIERT WERDEN UND WO MUSS DIFFERENZIERT WERDEN?

Für alle gleich sind das Training der Grundlagen, das Training der Bewegungen und der Anteil der Techniken, die sich mit Fallschule, waffenlosen Techniken und dem Kampf Schwert gegen Schwert befassen.

OMNES ET PAVCI

Alle und wenige

Strategie
Taktik
Technik
Bewegung
Grundlage

■ für alle gleich ■ speziell

Daraus konnte ein dreigeteiltes Trainingskonzept entwickelt werden, das sich sehr gut bewährte.

Einteilung des Trainings

EXERCITATIO PVGNARVM
Kampftraining
Freikampf
Technik

▲

EXERCITATIO ROBORIS
Krafttraining
Schwert/Schwert
Waffenlos

▲

EXERCITATIO FVNDAMENTORVM
Grundlagentraining
Das Fundament

EXERCITATIO FVNDAMENTORVM
Grundlagentraining

In diesem Teil werden Kampftechniken erlernt und geübt, die für alle Gladiatorentypen Gültigkeit haben, unabhängig von ihrer jeweiligen Bewaffnung.

FALLSCHULE

Es wurde eine besondere Fallschule entwickelt, da zum Beispiel normale Rollen mit den schweren Helmen und Schilden unmöglich waren.

SCHWERT GEGEN SCHWERT

Wenn es in einem Kampf zu keiner Entscheidung kam, konnte der Editor veranlassen, dass den Gladiatoren Schilde und Manica (ein Armschutz) genommen wurden. Sie mussten dann nur mit dem Schwert bewaffnet kämpfen. Dieser Fall war sicher nicht die Regel. Dennoch musste jeder Gladiator den Kampf Schwert gegen Schwert beherrschen.

PANKRATION

Pankration, der Allkampf, beinhaltet alle waffenunabhängigen Kampftechniken wie Schläge, Tritte und Würfe. Der ringerische Aspekt dieser Sequenz ist ein hervorragendes Kraft- und Ausdauertraining mit sehr hoher Anwendungsnähe und sehr niedriger Verletzungsrate.

EXERCITATIO ROBORIS
Krafttraining

Ausdauer, Kraft, Schnelligkeit, Agilität und Beweglichkeit sind grundlegende motorische Fähigkeiten. Jede einzelne Sportart erfordert und trainiert diese Grundfertigkeiten in unterschiedlichem Maße. So auch die Gladiatur. Eine spezifische Fitness ist das sine qua non des Kampfes.

KRAFT
Kraft ist die Fähigkeit des Körpers, gegen einen Widerstand zu arbeiten. Man unterscheidet verschiedene Formen der Kraft – Schnellkraft, Kraftausdauer, Maximalkraft etc. Im Waffenkampf sind für uns Schnellkraft und Kraftausdauer die entscheidenden Aspekte des Krafttrainings.

AUSDAUER
Ausdauer ist die Widerstandsfähigkeit des Athleten gegen Ermüdung. Aus der Erfahrung mit den Freikämpfen gegen Ende des Projektes ist eine Kampfzeit von fünf bis zehn Minuten realistisch und damit anzunehmen. Die Belastung ist dabei sehr hoch (Puls über 170) mit kurzen Erholungsphasen (fünf bis zehn Sekunden). Das Training muss diese spezielle Belastung simulieren, um eine spezifische Hypertrophie zu erreichen. Dauerbelastungen mit niedriger Herzfrequenz sind im Falle der Gladiatur eine Vergeudung wertvoller Trainingszeit.

SCHNELLIGKEIT
Schnelligkeit ist die Fähigkeit, auf einen Reiz in kürzester Zeit zu reagieren und Bewegungen mit höchster Geschwindigkeit durchzuführen. Dies ist bei Angriff, Konter und Verteidigung gleichermaßen unabdingbar. Spezielle Reaktions- und Koordinationsübungen wurden entwickelt.

AGILITÄT
Agilität ist die Fähigkeit des Athleten, seinen Körper zu beschleunigen und zu stoppen sowie die Richtung zu ändern. Agilität ist bei allen Wettkampfsportarten die grundlegende sportliche Fähigkeit. Zu Beginn wurde diese Fertigkeit ohne Ausrüstung trainiert, später mit Helm und Schild.

EXERCITATIO PVGNARVM
Kampftraining

In diesem Teil trainieren die jeweiligen Gladiatorentypen in ihrer speziellen Ausrüstung die für ihre Armatura typischen Techniken, sowohl in Solodrills als auch mit ihrem entsprechenden Gegenstück in Partnerdrills. Dafür wurden sogenannte Buddy-Teams gebildet (vgl. Seite 12).

Die Kampffähigkeit zu steigern, war das eigentliche Ziel des Kampftrainings. So wie der Läufer läuft und der Schwimmer schwimmt, so muss der Kämpfer kämpfen, um zu trainieren. Da es aber beim Kampf naturgemäß darum geht, seinen Gegner zu besiegen (hier also zu töten), ist es mit dem Kämpfen nicht so einfach wie mit Laufen oder Schwimmen. Wir unterscheiden vier Härtegrade des Zweikampfes innerhalb des Sports. Für das Projekt wurden alle Härtegrade genutzt:

1. **KEIN KONTAKT** *(keine Schutzausrüstung)*
2. **LEICHTER KONTAKT** *(keine Schutzausrüstung)*
3. **MITTLERER KONTAKT** *(mit Schutzausrüstung)*
4. **VOLLER KONTAKT** *(mit Schutzausrüstung)*

Grade 1 bis 3 wurden im Training und der vierte Grad in den Freikämpfen vor Publikum umgesetzt.

Die Ernährung

Der Schwerpunkt des Gladiatoren-Projektes im Jahr 2010 lag auf der Rekonstruktion der Kampfes- und Trainingsweisen der römischen Gladiatoren. Die ausschließlich gladiatorische Ernährung während der 40 Tage in Carnuntum diente ursprünglich lediglich dazu, das Projekt authentischer zu gestalten. Die Teilnehmer waren dazu angehalten, sich schon in der fünfmonatigen Vorbereitungsphase gladiatorisch zu ernähren, was jedoch nicht überwacht und sichergestellt werden konnte. So war eine streng gladiatorische Diät erst in Carnuntum möglich.

In der zweiten Woche in Carnuntum bemerkten wir einige interessante Phänomene, die wir direkt oder indirekt mit unserer speziellen Ernährung in Verbindung brachten: Trotz eines sehr hohen Trainingspensums von sechs bis neun Stunden Training täglich (ohne Pausentag) stellte sich bei den Teilnehmern kein oder nur sehr geringer Muskelkater ein und alle berichteten über ein Gefühl der größeren Wachheit und Leistungsfähigkeit. Doch am bemerkenswertesten waren der Gewichtsverlust bei Übergewichtigen und die Gewichtszunahme bei Untergewichtigen. Es kam generell zu einer Normalisierung der Physis. Eine gladiatorische Ernährungsweise ist also für jeden (aktiven Menschen) geeignet, der seine individuelle Konstitution verändern möchte, insofern nicht Unverträglichkeiten mit den typischen Bestandteilen dagegen sprechen.

Die Ernährung der historischen Gladiatoren war eine besondere. Die Zusammensetzung der Lebensmittel wich von der der Soldaten in der Legion oder der Sklaven auf den Latifundien, den großen römischen Landgütern, ab. Die Produkte beziehungsweise Verarbeitungsmethoden waren allerdings die gleichen wie in der normalen römischen Küche auch.

Wer der Historie des Gladiators nun noch weiter folgen möchte, kann dieses Buch fortlaufend lesen. Sonst aber empfiehlt es sich, an dieser Stelle den linearen Lesefluss zu unterbrechen und ganz nach den persönlichen Interessen zu blättern und zu stöbern. Sie finden im Folgenden zahlreiche Informationen über die Wirkungsweise der gladiatorischen Ernährung, Vorschläge für einen Ernährungsplan und nicht zuletzt eine Einkaufsliste. Oder probieren Sie doch einfach gleich eines der Rezepte im anschließenden Rezeptteil aus!

KÖRNERFRESSER

Hordearii, Gerstenmänner oder Körnerfresser, war ein weitverbreiteter Spitzname für die Gladiatoren. Jedem war bekannt, dass ihr Hauptnahrungsmittel, die Puls, aus Gerste und Bohnen bestand und sie kein Fleisch aßen. Gerste ist das typischste Getreide der Antike. Es war das erste von Menschen kultivierte Korn. Da es sich jedoch nicht gut zum Backen eignete, wurde es in Form von Suppen und Eintöpfen verarbeitet. Die Körner wurden meist geschrotet, um ein schnelleres Garen zu erreichen. Die so entstandenen Gerstengraupen sind auch heute noch Bestandteil vieler Suppen und Eintöpfe.

Aus verschiedenen Quellen ist bekannt, dass diese Puls täglich von den Gladiatoren gegessen wurde. Der antike Arzt Galen fand dieses Gericht allerdings furchtbar. Er versuchte vergeblich, die Gladiatoren in Pergamon, die er betreute, zum Fleischkonsum zu bewegen. Die Gladiatoren weigerten sich und schworen weiterhin auf ihr traditionelles Gericht. Dass sich die Gladiatoren vegetarisch ernährten, konnte auch anhand der Knochenfunde aus den Gladiatorengräbern von Ephesus wissenschaftlich belegt werden.

Warum gerade vegetarisch? Heute leben viele Menschen vegetarisch oder sogar vegan, verzichten also gänzlich auf Produkte tierischen Ursprungs. Die meisten haben sich aus moralischen Gründen für diese Ernährungsweise entschieden. Sie möchten nicht, dass Tiere sterben. Diese Haltung ist auch von einigen antiken Philosophen bekannt. Für Gladiatoren jedoch, deren Handwerk eigentlich das Töten ist, scheint sie befremdlich. Ihr Motiv, sich vegetarisch zu ernähren, hatte praktische Gründe, wie sich im Rahmen des Gladiatoren-Projektes herausstellte.

Fleisch ist ein hervorragender Lieferant von hochwertigem Eiweiß. Allerdings ist es für den Menschen nur schwer und damit langsam verdaulich, weil die Proteine im Darm zunächst in Aminosäuren aufgespalten werden müssen. Erst nach einer sogenannten Verdauungszeit kann wieder voll trainiert werden. Außerdem ist die Verwertung der Aminosäuren in den Zellen zur Energiegewinnung aufwendiger als die Verwertung von Kohlenhydraten. Bei der Verstoffwechslung von Aminosäuren entstehen Säurebildner, die vom Körper neutralisiert werden müssen. All das waren für die antiken Athleten und Gladiatoren Gründe, auf Fleisch zu verzichten. Für sie war es jahrhundertealtes Erfahrungswissen, das sie von den Griechen übernommen hatten. Im alten Griechenland fand bereits 700 v. Chr. eine Professionalisierung des Sports statt. Professionelle Athleten (Ringer, Läufer etc.) wurden von professionellen Trainern betreut. Das Training und die Ernährung wurden aufgrund dieser langen Erfahrungszeit immer ausgefeilter. Heute kann dieses Erfahrungswissen wissenschaftlich erklärt und belegt werden.

NICHT SAUER, SONDERN BASISCH

Vielen ist der Begriff „Säure-Basen-Balance“ geläufig. Das menschliche Blut und diverse andere Körperflüssigkeiten brauchen einen ganz bestimmten pH-Wert, damit der Körper gesund und leistungsfähig bleibt. Dafür sorgt ein Puffersystem, welches auch unter widrigen Ernährungs- und Lebensbedingungen dazu fähig ist, den Wert konstant zu halten.

Auch eine starke Konfrontation mit Säure bildenden Nahrungsmitteln kann das System zwar größtenteils abpuffern, jedoch fordert dies in anderen Bereichen des Körpers seinen Tribut. Der Körper wird dadurch unter enormen Stress gestellt, Regenerationszeiten steigen, körperliche Prozesse brauchen immer mehr Zeit, bis sie teilweise ganz versagen. Eine Übersäuerung erzeugt folglich indirekt Mängel und Dysfunktionen des Körpers.

Eine ausgeglichene Ernährung wird daher von jedem Mediziner angeraten. Die gladiatorische Ernährung ist nicht nur ausgeglichen, sie ist basisch, was den positiven Effekt zur Folge hat, dass Säurebildner, die bei dem verstärkten Stoffwechsel durch das harte Training des Athleten entstehen, neutralisiert werden. Dies beschleunigt die Regenerationsgeschwindigkeit und verbessert die Regenerationsqualität.

BOHNEN MACHEN ZUCKER LANGSAM

Überlieferungen zufolge bildeten neben der Gerste Bohnen einen besonderen Baustein in der gladiatorischen Ernährung. Eine Erklärung dafür findet man in der heutigen Erforschung von Nahrungsmitteln: Bohnen sind nicht nur ein günstiger und hochwertiger Lieferant von pflanzlichem Eiweiß, sondern haben darüber hinaus die Eigenschaft, den glykämischen Index von Nahrungsmitteln zu senken. Durch bestimmte Enzyme in den Bohnen wird die Resorptionsgeschwindigkeit von Kohlenhydraten im Darm reduziert, was wiederum zu einem langsameren Anstieg des Blutzuckers führt. Bohnen mit Gerste in einem Gericht zu kombinieren, hat also den Vorteil, dass der Körper des Athleten konstant mit Zucker versorgt wird und es nicht zu einem raschen Anstieg des Blutzuckerspiegels kommt. Der Gladiator hat dadurch über Stunden Energie und entwickelt kein Hungergefühl.

GUT KOMBINIERT

Die biologische Wertigkeit der Proteine in einem Lebensmittel ist ein Maß dafür, mit welcher Effizienz diese Proteine in körpereigene Proteine umgewandelt werden können. Je ähnlicher die Zusammensetzung der Aminosäuren der Nahrungsproteine denen der Zusammensetzung der Proteine des Körpers ist, desto weniger Nahrungsproteine werden benötigt. Besondere Bedeutung kommt hierbei dem Gehalt an essenziellen Aminosäuren zu. Je höher die biologische Wertigkeit der Nahrungsproteine ist, desto niedriger ist die Bedarfsmenge.

Durch geschickte Kombination, wie etwa ein Getreide mit einer Hülsenfrucht, können Nahrungsmittel mit einer relativ geringen biologischen Wertigkeit zu einer biologisch hochwertigen Mahlzeit werden, da sich die Aminosäurezusammensetzungen der jeweiligen Proteine ergänzen und es somit zu einer Aufwertung kommt. In vielen traditionellen Gerichten führt solch eine Kombination von Nahrungsmitteln zu einer positiven Ergänzung.

Es ist allerdings zu beachten, dass sich der Begriff „hochwertiger" nur auf die Zusammensetzung von Aminosäuren bezieht und dabei nicht automatisch mit „wertvoller" gleichzusetzen ist. Der gesamte gesundheitliche Wert eines Lebensmittels wird außerdem noch durch zahlreiche weitere Faktoren bestimmt, wie zum Beispiel den Gehalt an Vitaminen, Mineralien, Kohlenhydraten, Ballaststoffen und sekundären Pflanzenstoffen sowie Art und Menge der enthaltenen Fette etc.

In ihrer Gesamtwirkung betrachtet, ist die gladiatorische Kombination aus Gerste und Bohnen also durchaus wertvoller als etwa ein Stück Fleisch.

FESTE FEIERN

Der Gladiator lebte nach einem strengen Trainings- und Ernährungsplan. Jedoch wurde sein hartes Leben immer wieder von religiösen und staatlichen Feiertagen unterbrochen. An diesen Tagen wurde nicht trainiert und es gab Fleisch- und Fischgerichte. Auch wurde dem Wein kräftig zugesprochen.

Außerdem wurde traditionell vor jedem Munus, einem Kampftag in der Arena, in der Gladiatorenschule ein festliches Bankett ausgerichtet. Zu diesen Banketten kamen nicht nur der Veranstalter der Spiele und andere Ehrengäste, sondern auch die Gladiatoren, die am nächsten Tag kämpften, und feierten kräftig mit. Dies erscheint zunächst als Widerspruch zu ihrer Ernährungsweise. Sie konnten sich dies jedoch erlauben, weil die Kämpfe erst am späten Nachmittag begannen. In der heutigen Ernährungslehre für Sportler nennt man solche Tage Cheat Days, Schummeltage. Kommen sie nicht häufiger als einmal die Woche vor, überwiegt der Nutzen durch positive psychologische Faktoren die physischen Nachteile bei Weitem. Aus diesem Grund sind Festtage ein fester Bestandteil der Gladiatorenküche.

MERKE!

Die gladiatorische Ernährung ist in ihrer Art, Nahrungsmittel auszuwählen und zu kombinieren, die vielleicht einfachste und wirkungsvollste Sportlerernährung. Ursprünglich war sie für Leistungssportler gedacht, denn genau das waren die antiken Gladiatoren. In der Antike gab es keine leistungssteigernden Mittel, alles musste über die Ernährung und über Regenerationsmethoden laufen. Auch in der heutigen Zeit kann sich die gladiatorische Ernährungsweise für jeden positiv auf Körper und Geist auswirken, wenn einige wenige Regeln beachtet werden.

Kombiniere Nahrungsmittel

Die Wertigkeit einer Mahlzeit kann durch geschickte Kombination der Nahrungsmittel (z. B. Getreide plus Hülsenfrüchte oder Kartoffeln plus Ei) stark erhöht werden.

Kaufe deine Nahrungsmittel so unverarbeitet wie möglich

Je weniger Zutaten in einem Produkt sind, desto besser. Je weniger Verarbeitungsschritte es durchlaufen hat, desto besser. Du bist es, der verarbeitet und der kombiniert.

Iss dich satt und geniesse das Essen

Essen, an dem man sich nicht, ohne ein schlechtes Gewissen zu haben, satt essen kann, ist kein richtiges Essen. Iss dich bei den Hauptmahlzeiten satt, so hast du dazwischen keinen Hunger.

Geniesse das Essen an Sonn- und Feiertagen

Es gibt Sonn- und Feiertage aus gutem Grund. Solange du an fünf bis sechs Tagen der Woche ordentlich isst, hat der Feiertag mit seinem „schlechten" Essen sogar mehr Vorteile als Nachteile.

Lerne, Essen selber zu machen

Brote und Kuchen selbst zu backen, Soßen und Getränke selbst zu machen und auch Obst und Gemüse selbst einzukochen und einzumachen gibt einem ein gutes Gefühl.

Iss mit den Jahreszeiten und passend zur Region

Gehe auf den Wochenmarkt und lass dich von dem reichhaltigen Angebot an Obst und Gemüse, aber auch von Kräutern und Gewürzen inspirieren.

DIE DREI VARIANTEN – PERFEKTE DIÄT AUCH FÜR MODERNE MENSCHEN

Die Gladiatorenküche ist eine grundlegende Lebens- und Ernährungsweise. Sie kann je nach Bedürfnis auf drei unterschiedliche Arten angewendet werden.

Sportler und hart arbeitende Menschen können sie nutzen, um Masse aufzubauen oder diese auch bei stärkster Belastung zu halten. Hierfür sollten die Prinzipien des Cumulus, der Hochleistung, angewendet werden. Sie beinhalten die Kombination von Nahrungsmitteln mit hoher Energiedichte. Unter Energiedichte versteht man die Menge an Kalorien, die pro Volumen in einem Gericht zur Verfügung stehen.

Übergewichtige oder Sportler, die Gewicht verlieren möchten, sollten sich eher an die Grundsätze des Fibrae et Aqva, Fasern und Wasser, halten, um sich mit Essen von niedriger Energiedichte zu versorgen, ohne dass es zu Mangelerscheinungen kommt.

Vita simplex, das einfache Leben, beinhaltet Grundsätze, die eine einfache, genussvolle und günstige Ernährungsweise für Menschen, die weder zu- noch abnehmen möchten, ermöglicht.

Im Folgenden werden die drei Varianten kurz näher erläutert. Dabei wird die anteilige Nahrungsmittelverteilung in Schaubildern dargestellt und mit einem daraus abgeleiteten beispielhaften Tagesplan versehen.

Cumulus – Essen mit einer hohen Energiedichte

Dies war die eigentliche Ernährungsform der Gladiatoren. Wenngleich sie eine sehr hohe Energiedichte hat, ist sie dennoch leicht und relativ schnell verdaulich. Sie liefert über lange Zeit sehr viel Energie für schwere Arbeit oder hartes Training. Die Basis bilden Pulsgerichte, Kombinationen aus Getreide und Hülsenfrüchten. Käse und Eier dürfen an jedem Tag verzehrt werden. Allerdings gibt es nur maximal einen Festtag pro Woche, besser nur zwei im Monat, an denen Fleisch und Süßes gegessen und Alkohol getrunken werden darf.

2 x pro Monat	*Alkohol*	*Süßes*	*Fleisch*
täglich	*Käse*		*Eier*
täglich	*Olivenöl* *Gemüse* *Getreide*		*Nüsse* *Obst* *Hülsenfrüchte*

Beispiel für einen Tagesplan

Frühstück: Brot mit Öl, Ziegenkäse (auch als Moretum), gekochte oder gebratene Eier, Obst
Mittagessen: Salat und ein Pulsgericht
Abendessen: ein Gemüsegericht und ein Pulsgericht
Snacks: Mandeln, Walnüsse, getrocknete Datteln und Feigen, Rosinen, frische Äpfel

Fibrae et aqua – Essen mit einer niedrigen Energiedichte

Dies ist die Ernährungsform für Übergewichtige oder Sportler, die Gewicht verlieren möchten. Um Körpergewicht zu verlieren, muss der Energieverbrauch höher sein als die Energieaufnahme. Um dies zu erleichtern, hat Fibrae et aqua eine möglichst niedrige Energiedichte bei einem hohen Nahrungs- und Nährstoffvolumen. Dies wird durch einen hohen Ballaststoff- und Wassergehalt der Nahrungsmittel erreicht. Dadurch lassen sich eine gute Sättigung, auch über einen längeren Zeitraum, und eine gute Versorgung mit Vitaminen, Mineralien und anderen Nährstoffen erreichen. Festtage sind wie beim Leistungssportler nur maximal einmal pro Woche vorgesehen.

1 x pro Woche	*Alkohol*	*Süßes*	*Fleisch*
2 x pro Woche	*Käse*		*Eier*
täglich	*Olivenöl* *Getreide* *Gemüse*		*Nüsse* *Obst* *Hülsenfrüchte*

Beispiel für einen Tagesplan

Frühstück: Obst
Mittagessen: Salat oder ein Gemüsegericht, dazu etwas Brot
Abendessen: Salat und ein Gemüsegericht
Snacks: z. B. frische Äpfel oder roher gesalzener Kohl

Vita simplex – Essen mit einer mittleren Energiedichte

Dies ist die Ernährungsform für jedermann. Sie hat eine mittlere Energiedichte, ist also ideal für alle, die weder übergewichtig noch zu leicht sind. Wie bei Fibrae et aqua bilden die Gemüsegerichte und die Salate die Basis, jedoch darf jeden Tag Ei und Käse gegessen werden. An Wochenenden oder Feiertagen kann und soll gefeiert werden. Hier gibt es keine Regeln. Alles darf gegessen und getrunken werden.

2 x pro Woche	*Alkohol*	*Süßes*	*Fleisch*
täglich	*Käse*		*Eier*
täglich	*Olivenöl* *Getreide* *Gemüse*		*Nüsse* *Obst* *Hülsenfrüchte*

Beispiel für einen Tagesplan

Frühstück: Brot mit Öl, Käse oder Eier, Obst
Mittagessen: Salat oder Gemüsegericht, dazu Brot
Abendessen: Salat oder ein Gemüsegericht und ein Pulsgericht oder Brot
Snacks: z. B. Mandeln, frische Äpfel

Die Zutaten

Was man immer im Vorratsschrank haben sollte

Gerste und Gerstengraupen
Hirse
weiße Bohnen in der Dose
Kichererbsen in der Dose
getrocknete Tellerlinsen
getrocknete rote Linsen
Zwiebeln
günstiges Olivenöl zum Kochen
gutes Olivenöl für alles andere
Oliven im Glas
Kapern im Glas
Artischocken im Glas
ganze Rote Bete im Glas
Essiggurken im Glas
Maronen im Glas
Weizenmehl (Typ 1050)
getrocknete Steinpilze
getrocknete Datteln
getrocknete Feigen
Mandeln
Rosinen
Rotwein zum Kochen

Die Mengenangaben in den Rezepten reichen für zwei normale Personen oder einen sehr hungrigen Athleten.

Die wohl typischste Frucht des Mittelmeeres war die Olive. Die Früchte wurden eingemacht und gewürzt, als Snack und Beigabe zum Essen ganz wie heute genutzt. Aber weitaus wichtiger war die Olive für die Ölherstellung. Olivenöl war und ist ein Grundpfeiler der mediterranen Küche.

Amygdalae et uvae passae (Mandeln und Rosinen)

Im Winter aß man Trockenfrüchte und die zahlreichen Nusssorten wie Walnüsse, Mandeln, Haselnüsse und Pinienkerne. Mandeln mit Rosinen zu kombinieren, war schon zu Römerzeiten bekannt. Aus dieser Nuss-Trockenfrucht-Mischung hat sich unser heutiges Studentenfutter entwickelt. Üblich war auch die Zugabe von Pinienkernen, die damals recht günstig waren, es heute aber nicht mehr sind, weswegen ich darauf verzichte.

Die Kombination von Mandeln und Rosinen ergibt einen geradezu idealen Snack für zwischendurch und ist durch die Nährstoffzusammensetzung perfekt für den trainierenden Athleten. Ich mische mir immer eine Dose und habe sie während des Trainings dabei.

Was man immer frisch kauft

- Ziegenkäse in Salzlake (Feta)
- Hartkäse von Ziege oder Schaf (etwa Pecorino)
- Kräuter wie Bohnenkraut, Sauerampfer, Petersilie, Dill, Knoblauch oder Minze
- Gemüse wie Spitzkohl, Wirsing, Lauch, grüner Spargel, Zucchini oder Karotten
- Salate wie Kopfsalat, Chicorée, Fenchel oder Endivien
- Obst wie Äpfel, Birnen oder Aprikosen

Durch das warme Klima und die guten Handelsverbindungen gab es damals reichlich Obst, das vorzugsweise am Ende eines Essens serviert wurde. Äpfel, Birnen, Datteln und Granatäpfel, Quitten, Pflaumen, Feigen und Kirschen, Brombeeren, Maulbeeren und Melonen, ab dem 1. Jahrhundert n. Chr. auch Aprikosen und Pfirsiche.

Was auf dem Gewürzregal stehen sollte

- schwarzer Pfeffer in der Mühle
- grobes Meersalz
- Cumin (Kreuzkümmel)
- Liebstöckel
- Senfsamen
- gute helle Fischsoße
  (z. B. Phu Quoc aus Vietnam)
- milder Weißweinessig
- Sojasoße
- Honig
- Thymian
- Kümmel

Herbae et condimenta (Kräuter und Gewürze)

Die römische Küche, ganz wie die mediterrane heute, verwendete gern eine Vielzahl von frischen Kräutern, die man im eigenen Garten zog oder frisch auf dem Markt kaufte. Das beliebteste Würzkraut war der Liebstöckel. Er kommt bei Apicius in annähernd jedem Rezept vor. Aber auch Bohnenkraut, Minze, Petersilie, Selleriegrün, Knoblauch, Zwiebeln, Thymian, Kerbel, Dill und Lavendel erfreuten sich frisch oder getrocknet großer Beliebtheit.

Gewürze, allen voran der Pfeffer, fanden ebenfalls regen Zuspruch. Man verwendete sie ähnlich wie heute im Orient (etwa Raz el Hanout oder Baharat) als Mischungen, die man selbst herstellte oder fertig kaufte. Verwendet wurden Nelken, Safran, Wacholder, Fenchelsamen, Kümmel und Kreuzkümmel.

GARUM (FISCHSOSSE)

Garum war die Grundwürzsoße der römischen Küche schlechthin und wurde zum Salzen verwendet, ähnlich wie Sojasoße heute in der asiatischen Küche Verwendung findet. Pures Salz, so wie wir es heute nutzen, fand nur zur Haltbarmachung von Nahrungsmitteln Anwendung.

Hergestellt wurde Garum, indem man fettreiche Fische wie Sardelle, Aal und Makrele einschließlich ihrer Eingeweide mit Salz vermischte und in Becken teilweise monatelang der Sonne aussetzte. Dabei wurde das Fischeiweiß durch in den Eingeweiden enthaltene Enzyme abgebaut, ähnlich wie es heute beim Matjes gemacht wird. Der sehr hohe Salzgehalt verhinderte die bakterielle Zersetzung und somit das Verderben des Produkts. Dieses Gemisch wurde dann ausgepresst und mehrfach gefiltert, bis man eine klare, bernsteinfarbene Flüssigkeit erhielt. Während das Endprodukt einen feinen Geruch hatte, war die Geruchsbelästigung während der Produktion extrem, weshalb die Produktionsstätten für Garum außerhalb der Ortschaften lagen.

Will man heute römische Rezepte nachkochen, kann man Garum durch hochwertige asiatische Fischsoßen ersetzen, wenn diese in der Herstellung ähnlich sind. Eine traditionell weitergeführte Variante des Garums wird heute noch zwischen Neapel und Salerno hergestellt und ist in Süditalien als Colatura di Alici erhältlich. Ansonsten ist der Ersatz mit heller Sojasoße anzuraten.

PVLS

Eintopfgerichte

Das Hauptnahrungsmittel der Gladiatoren war ein spezielles Gericht aus Gerste und Bohnen – die Puls. Dieses Gericht bekam während des Projektes deshalb auch den Namen Puls gladiatorum, Gladiatorpuls.

Puls war in allen Kulturen der Antike ein sehr weit verbreitetes Gericht und ist in der einen oder anderen Form auch heute noch sehr beliebt.

Polenta klingt nicht nur so ähnlich, sondern ist wie das Risotto ein direkter Nachfahre der römischen Puls. Solche Gerichte sind viel älter als das Brot, da sich Gerste und Emmer (zwei sehr alte Getreidesorten) nicht zum Backen eignen.

Auch Hülsenfrüchte gab und gibt es in vielen Sorten: dicke Bohnen, Tellerlinsen, Erbsen, rote Linsen, Kichererbsen und Lupinen. Damals bildeten sie neben dem Brot die Ernährungsgrundlage der Römer. Heute sind sie eine wertvolle Ergänzung zu vielen Puls-Gerichten.

PVLS EX HORDEO

Puls aus Gerste

Zutaten

1 große Zwiebel
Olivenöl oder Butter
3 Zehen Knoblauch
1 Tasse Gerste (ganze Körner)
Sojasoße (oder Fischsoße)
Pfeffer

Zubereitung

Die Zwiebel schälen, klein schneiden und in reichlich Olivenöl oder Butter anbraten. Den Knoblauch schälen und in kleine Scheiben geschnitten kurz mit anbraten. Die Gerstenkörner dazugeben, das Ganze mit zwei Tassen Wasser auffüllen und 20 Minuten kochen.

Mit Sojasoße und Pfeffer abschmecken.

Mit Butter zubereitet, schmeckt es ganz wunderbar zu Fleischgerichten.

PVLS CVM PETROSELINO

Puls mit Petersilie

Zutaten

1 große Zwiebel
Olivenöl
3 Zehen Knoblauch
1 Tasse Gerste
1 Dose weiße Bohnen
Sojasoße (oder Fischsoße)
Pfeffer
1 Bund Petersilie

Zubereitung

Die Zwiebel schälen, klein schneiden und in reichlich Olivenöl anbraten. Den Knoblauch schälen und in kleine Scheiben geschnitten kurz mit anbraten. Die Gerste dazugeben, das Ganze mit zwei Tassen Wasser auffüllen und 10 Minuten kochen. Dann die gewaschenen Bohnen dazugeben und weitere 10 Minuten kochen. Mit Sojasoße und Pfeffer abschmecken. Kurz vor dem Servieren die Petersilie unterheben.

PVLS EX HORDEO CVM FABIS ET CEPIBVS

Puls aus Gerste mit Bohnen und Zwiebeln

PVLS GLADIATORVM

(Gladiatorpuls)

Zutaten

1 große Zwiebel
Olivenöl
3 Zehen Knoblauch
1 Tasse Gerste (ganze Körner)
1 Dose weiße Bohnen
Sojasoße (oder Fischsoße)
Pfeffer

Zubereitung

Die Zwiebel schälen, klein schneiden und in reichlich Olivenöl anbraten. Den Knoblauch schälen und in kleine Scheiben geschnitten kurz mit anbraten. Die Gerstenkörner dazugeben, das Ganze mit zwei Tassen Wasser auffüllen und 15 Minuten kochen. Dann die gewaschenen Bohnen dazugeben und weitere 15 Minuten kochen. Mit Sojasoße und Pfeffer abschmecken.

Dieses Gericht ist sehr lecker, ohne originell zu sein. Man kann es, ohne ihm überdrüssig zu werden, über lange Zeit jeden Tag essen, so wie Cornflakes oder Müsli – auch die kann man ja sein Leben lang jeden Morgen essen, ohne dass es einem zu viel wird.

PVLS EX HORDEO ET CASEO

Puls aus Gerste und Hartkäse

Zutaten

1 große Zwiebel
Olivenöl
3 Zehen Knoblauch
1 Tasse Gerste
1 Tasse Hartkäse, gerieben
1 Handvoll Petersilie, gehackt
Pfeffer

Zubereitung

Die Zwiebel schälen, klein schneiden und in reichlich Olivenöl anbraten. Den Knoblauch schälen und in kleine Scheiben geschnitten kurz mit anbraten. Die Gerste dazugeben, das Ganze mit zwei Tassen Wasser auffüllen und 20 Minuten kochen. Kurz vor dem Servieren den geriebenen Hartkäse und die Petersilie unterheben. Mit Pfeffer abschmecken.

PVLS EX HORDEO ET ASPARAGO

Puls aus Gerste und grünem Spargel

Zutaten

1 große Zwiebel
Olivenöl
3 Zehen Knoblauch
1 Tasse Gerste
500 g grüner Spargel
Senf
Salz
Honig
Sojasoße (oder Fischsoße)
Pfeffer
1 Bund Petersilie

Zubereitung

Die Zwiebel schälen, klein schneiden und in reichlich Olivenöl anbraten. Den Knoblauch schälen und in kleine Scheiben geschnitten kurz mit anbraten. Die Gerste dazugeben, das Ganze mit zwei Tassen Wasser auffüllen und 10 Minuten kochen. Den Spargel waschen und in etwa 5 cm lange Rauten schneiden. Die Spargelstücke in einer Pfanne kurz anbraten, anschließend zu der Gerste geben. Mit Senf, Salz, Honig, Sojasoße und Pfeffer abschmecken. Die sehr fein gehackte Petersilie kurz vor dem Servieren unterheben.

PVLS EX MILIO ET FABIS

Puls aus Hirse und Bohnen

Zutaten

1 große Zwiebel
Olivenöl
3 Zehen Knoblauch
1 Tasse Hirse
1 Dose weiße Bohnen
1 Tasse Möhren, klein geschnitten
Sojasoße (oder Fischsoße)
Pfeffer

Zubereitung

Die Zwiebel schälen, klein schneiden und in reichlich Olivenöl anbraten. Den Knoblauch schälen und in kleine Scheiben geschnitten kurz mit anbraten. Die Hirse dazugeben, das Ganze mit zwei Tassen Wasser auffüllen und 15 Minuten kochen. Dann die gewaschenen Bohnen und Möhren dazugeben und weitere 15 Minuten kochen. Mit Sojasoße und Pfeffer abschmecken.

Eine Puls aus Hirse eignet sich besonders dann, wenn es schnell gehen muss. Die Hirse wird mit Wasser im Verhältnis 1 : 2 aufgekocht, bis die Hirse das komplette Wasser aufgesogen hat. Man kann außerdem ein wenig Salz oder Sojasoße mit ins Wasser geben.

PVLS EX MILIO ET FABIS ET CAPPARIBVS ET OLIVIS

Puls aus Hirse, Bohnen, Kapern und Oliven

Zutaten

½ Tasse Hirse
1 Dose weiße Bohnen
1 kleine Dose Kapern
1 kleine Dose schwarze Oliven
Majoran
Petersilie
Salz
Olivenöl

Zubereitung

Die Hirse mit zwei Tassen Wasser aufkochen. Bei den Bohnen, Kapern und Oliven den Sud abgießen und diese zur Hirse dazugeben. Majoran und Petersilie klein hacken und ebenfalls dazugeben. 15 Minuten köcheln lassen. Mit Salz und Olivenöl abschmecken.

PVLS EX MILIO ET CICERIBVS

Puls aus Hirse und Kichererbsen

Zutaten

1 große Zwiebel
Olivenöl
3 Zehen Knoblauch
1 Tasse Hirse
1 Dose Kichererbsen
Sojasoße (oder Fischsoße)
Pfeffer

Zubereitung

Die Zwiebel schälen, klein schneiden und in reichlich Olivenöl anbraten. Den Knoblauch schälen und in kleine Scheiben geschnitten kurz mit anbraten. Die Hirse dazugeben, das Ganze mit zwei Tassen Wasser auffüllen und 10 Minuten kochen. Dann die gewaschenen Kichererbsen dazugeben und weitere 10 Minuten kochen. Mit Sojasoße und Pfeffer abschmecken.

PVLS EX MILIO CVM CVCVRBITVLA

Puls aus Hirse mit Zucchini

Zutaten

1 große Zwiebel
Olivenöl
3 Zehen Knoblauch
1 Tasse Hirse
2 mittelgroße Zucchini
Sojasoße (oder Fischsoße)
Pfeffer

Zubereitung

Die Zwiebel schälen, klein schneiden und in reichlich Olivenöl anbraten. Den Knoblauch schälen und in kleine Scheiben geschnitten kurz mit anbraten. Die Hirse dazugeben, das Ganze mit zwei Tassen Wasser auffüllen und 10 Minuten kochen. Dann die geschnittenen Zucchini dazugeben und weitere 10 Minuten kochen. Mit Sojasoße und Pfeffer abschmecken.

PVLS EX FARRE ET FABIS

Puls aus Dinkel und Bohnen

Zutaten

1 große Zwiebel
Olivenöl
3 Zehen Knoblauch
1 Tasse Dinkel (ganze Körner)
1 Dose weiße Bohnen
Sojasoße (oder Fischsoße)
Pfeffer

Zubereitung

Die Zwiebel schälen, klein schneiden und in reichlich Olivenöl anbraten. Den Knoblauch schälen und in kleine Scheiben geschnitten kurz mit anbraten. Die Dinkelkörner dazugeben, das Ganze mit zwei Tassen Wasser auffüllen und 20 Minuten kochen. Dann die gewaschenen Bohnen dazugeben und weitere 15 Minuten kochen. Mit Sojasoße und Pfeffer abschmecken.

PVLS EX FRVMENTO ET FABIS

Puls aus Weizen und Bohnen

Zutaten

1 große Zwiebel
Olivenöl
3 Zehen Knoblauch
1 Tasse Weizen oder Weizengraupen
1 Dose weiße Bohnen
Sojasoße (oder Fischsoße)
Pfeffer
1 Handvoll Petersilie, gehackt

Zubereitung

Die Zwiebel schälen, klein schneiden und in reichlich Olivenöl anbraten. Den Knoblauch schälen und in kleine Scheiben geschnitten kurz mit anbraten. Den Weizen dazugeben, das Ganze mit zwei Tassen Wasser auffüllen und 10 Minuten kochen. Dann die gewaschenen Bohnen dazugeben und weitere 10 Minuten kochen. Mit Sojasoße und Pfeffer abschmecken. Kurz vor dem Servieren Petersilie unterheben.

PVLS EX LENTIBVS RVBRIS ET CICERIBVS ET CAROTIS

Puls aus roten Linsen, Kichererbsen und Karotten

Zutaten

1 große Zwiebel
Olivenöl
1 Tasse rote Linsen
1 Dose Kichererbsen
1 Tasse Möhren, klein geschnitten
Pfeffer
Cumin (Kreuzkümmel)
Sojasoße (oder Fischsoße)

Dieses Gericht zählt zu meinen absoluten Lieblingen. Es geht schnell, ist einfach und extrem lecker.

Zubereitung

Die Zwiebel klein schneiden und in reichlich Olivenöl anbraten. Die roten Linsen dazugeben und das Ganze mit zwei bis drei Tassen Wasser auffüllen, je nachdem welche Konsistenz diese Puls haben soll. Die roten Linsen zerfallen beim Kochen. Das soll auch so sein.

Nach etwa 10 Minuten die gewaschenen Kichererbsen und die klein geschnittenen Möhren sowie jeweils einen Teelöffel gemahlenen Pfeffer und gemahlenen Kreuzkümmel dazugeben. Anstelle von Salz dieses Gericht – wie die Römer es machten – mit Fischsoße abschmecken, ersatzweise geht auch Sojasoße (siehe Seite 31).

PANIS

Brot

Erst in der Antike eroberte sich das Brot durch die Kultivierung des Weizens seine herausragende Stellung.

Die Römer liebten Brot in allen Variationen: Schwarzbrot, Weissbrot, Brötchen, Brot aus Hefeteig oder Sauerteig, Zwieback, gefüllte Teigtaschen und Kuchen. Die zahlreichen Mühlen lieferten Mehl in verschiedenen Mahlstufen und von diversen Getreiden.

In den Mietwohnungen war das Kochen und Backen aufgrund der Brandgefahr meistens untersagt. Die Mieter versorgten sich beim Pistor, dem Bäcker, oder dem Placentarius, dem Bäcker von gefüllten Fladen und Pasteten, mit Backwaren. In den Villen auf dem Land und in den Stadthäusern, in denen das offene Herdfeuer erlaubt war, buken die Römer ihr Brot in der sogenannten Testudo, der Schildkröte. Dazu wurde der Teig unter eine Tonschale gelegt und diese mit Glut überhäuft. Der Römertopf hat hier seinen Ursprung. Heutzutage lässt sich dieses Verfahren mit einem gusseisernen Topf, der vor dem Backen im Backofen auf 220–250 °C aufgeheizt wird, gut imitieren. Als Backtriebmittel nutzten die Römer Hefe, die sie bei der Wein- und Bierherstellung gewannen. Selbst lagerfähige Trockenhefe war im Gebrauch.

PANIS

Brot

Zutaten

- 4 Tassen Weizenmehl (Typ 1050)
- 2 TL Meersalz
- ½ Würfel Frischhefe
- 2 Tassen Wasser

Frisches Brot gedippt in (Oliven-)Öl ist das wahrscheinlich einfachste und leckerste Essen überhaupt.

Zubereitung

Mehl und Salz in eine große Schüssel geben. Die Hefe mit dem Wasser verquirlen und alles in das Mehl gießen. Mit einem Löffel gut durchrühren, bis ein sämiger Klumpen entsteht.

Den Teig 4–6 Stunden gehen lassen. Den Ofen auf 220 °C vorheizen und den Topf zum Backen mit hineinstellen. Währenddessen den Teig durchkneten und in ein gut gemehltes Gärkörbchen geben. Nach etwa 15 Minuten den Teig in den heißen Topf stülpen, diesen mit dem Deckel verschließen und für ca. 1 Stunde in den Ofen stellen.

Anschließend das Brot auf einem Rost abkühlen lassen.

PANIS IN PATINA COCTVS

In der Pfanne gebackenes Brot – kurz: Pfannenbrot

Zutaten

- 3 Tassen Weizenmehl (Typ 550)
- 2 TL Meersalz
- ½ Block Frischhefe
- 1 Tasse Wasser
- 1 Ei

Zubereitung

Mehl und Salz in eine große Schüssel geben. Die Hefe mit dem Wasser und dem Ei verquirlen und alles in das Mehl gießen. Mit einem Löffel gut durchrühren, bis ein sämiger Klumpen entsteht. Diesen Klumpen gut durchkneten und vier Kugeln formen, dann 2 Stunden gehen lassen. Anschließend flach ausrollen und in einer heißen Pfanne ausbacken.

PLACENTAE PLENAE

Gefüllte Fladen

Zutaten

1 Dose weiße Bohnen
1 Ei
Pfeffer
Cumin (Kreuzkümmel)
Sojasoße
1 Zwiebel
3 Knoblauchzehen
4 selbst gemachte Pfannenbrote
(oder fertige Pitataschen)
Olivenöl

Zubereitung

Die Bohnen waschen und mit dem Ei und den Gewürzen mit einem Stabmixer pürieren. Mit der Sojasoße abschmecken. Die Zwiebeln und den Knoblauch fein hacken und mit der Paste mischen. Die fertige Füllung in die vorbereiteten Brote geben und in der zugedeckten Pfanne von beiden Seiten etwa 2 Minuten in Olivenöl braten.

PLACENTA CVM FVNGIS ET CEPIBVS

Fladen mit Pilzen und Zwiebeln

Zutaten

Für den Teig

3 Tassen Weizenmehl (Typ 550)
2 TL Meersalz
½ Block Frischhefe
1 Tasse Wasser
1 Ei

Für den Belag

1 große Zwiebel
1 Schale braune Champignons
Olivenöl
Sojasoße
1 Tasse Hartkäse, gerieben
Pfeffer

Zubereitung

Mehl und Salz in eine große Schüssel geben. Die Hefe mit dem Wasser und dem Ei verquirlen und alles in das Mehl gießen. Mit einem Löffel gut durchrühren, bis ein sämiger Klumpen entsteht. Diesen Klumpen gut durchkneten und vier Kugeln formen, dann 2 Stunden gehen lassen.

Die Zwiebel und die Pilze klein schneiden, in einer Pfanne mit Öl anbraten und mit Sojasoße ablöschen. Die Teigkugeln flach ausrollen und mit den Zwiebeln und Pilzen belegen, dick mit dem Hartkäse bestreuen und mit Pfeffer würzen. Bei 200 °C im Ofen etwa 20 Minuten backen.

OLVS, ACETARIA ET SORBITIONES

Gemüse, Salate und Suppen

Gemüse, das die Römer gerne als Vorspeise und Zwischengang assen, gab es in grosser Vielfalt: Kohl, Mangold, Rüben, Sellerie, Knoblauch, Lauch, Zwiebeln, Artischocken, Spargel, Gurken, Kürbis und Karotten. Den Zwiebel- und Lauchgewächsen kommt dabei eine besondere Bedeutung zu, denn es gab kaum ein Gericht, in dem die Speisezwiebel nicht verwendet wurde.

Auch Salate, kalt oder warm serviert, liebte man: Kopfsalat, Endivien, Chicorée, Rauke, Malve oder Brunnenkresse. Und weil sich Blattsalate, Kohlsorten sowie Hülsenfrüchte, Gemüse und Obst beliebig kombinieren lassen, sind der Experimentierfreude keine Grenzen gesetzt.

COCTA BRASSICA ALBA

Gekochter Weißkohl

Zutaten

1 Zwiebel
Olivenöl
1 Weißkohl
Sojasoße

Zubereitung

Die Zwiebel klein schneiden und in reichlich Olivenöl anbraten. Sobald die Zwiebelstücke braun sind, den geschnittenen und gewaschenen Weißkohl sowie etwas Sojasoße dazugeben. Beim Anbraten mit dem Löffel ständig vorsichtig umrühren. Nach etwa 5 Minuten ist der Kohl weich genug.

CRVDA BRASSICA ALBA

Roher Weißkohl

Zutaten

Weißkohl
Meersalz

Zubereitung

Wenn ich Weißkohl zu einem Gericht mache, schneide ich vorher immer ein paar Ringe vom Kohl ab und bestreue sie mit Meersalz. Das ist beim Kochen oder für die Gäste ein leckerer Begrüßungssnack.

COCTA BRASSICA SABAVDA

Gekochter Wirsing

Zutaten

1 Zwiebel
Olivenöl
1 Wirsing
Sojasoße

Zubereitung

Die Zwiebel klein schneiden und in reichlich Olivenöl anbraten. Sobald die Zwiebelstücke braun sind, den geschnittenen und gewaschenen Wirsing sowie etwas Sojasoße dazugeben. Beim Anbraten mit dem Löffel ständig vorsichtig umrühren. Nach etwa 5 Minuten ist der Wirsing weich genug.

Ich verwende für dieses Gericht nur die äußeren dunkelgrünen Blätter. Die helleren gelben Blätter im Inneren benutze ich für ein weiteres Gericht am Folgetag.

BRASSICA SABAVDA CVM FABIS

Wirsing mit Bohnen

Zutaten

- 1 Zwiebel
- Olivenöl
- 1 Dose weiße Bohnen
- Liebstöckel
- Majoran
- Honig
- Sojasoße
- 1 Wirsing

Zubereitung

Die Zwiebel klein schneiden und in reichlich Olivenöl anbraten. Sobald die Zwiebelstücke braun sind, die gewaschenen Bohnen, Gewürze, Honig und Sojasoße dazugeben.

Die Wirsingblätter klein schneiden, waschen und zu den Bohnen geben. Das Gericht ist fertig, sobald der Wirsing weich ist.

Ich verwende für dieses Gericht nur die äußeren dunkelgrünen Blätter. Die helleren gelben Blätter im Inneren benutze ich für ein weiteres Gericht am Folgetag.

BRASSICA SABAVDA CVM HORDEO

Wirsing mit Gerste

Zutaten

- 1 Zwiebel
- Olivenöl
- 1 Tasse Gerste
- 1 Wirsing
- Meersalz
- Honig
- Sojasoße

Zubereitung

Die Zwiebel klein schneiden und in reichlich Olivenöl anbraten. Sobald die Zwiebelstücke braun sind, die Gerste dazugeben, das Ganze mit zwei Tassen Wasser auffüllen und 15 Minuten kochen lassen.

Währenddessen die Wirsingblätter klein schneiden und waschen, nach den 15 Minuten zur Gerste geben und alles mit Meersalz, Honig und Sojasoße abschmecken. Das Gericht ist fertig, sobald der Wirsing weich ist.

Ich verwende für dieses Gericht nur die äußeren dunkelgrünen Blätter. Die helleren gelben Blätter im Inneren benutze ich für ein weiteres Gericht am Folgetag.

BRASSICA SABAVDA ALBA CVM CAMMARIS

Weißer Wirsing mit Garnelen

Zutaten

1 Zwiebel
Olivenöl
1 Tasse Mandelmilch
Meersalz
Honig
Liebstöckel
Majoran
1 Wirsing
1 kleine Packung Garnelen

Zubereitung

Die Zwiebel klein schneiden und in reichlich Olivenöl anbraten. Die Mandelmilch und Salz, Honig und die Kräuter dazugeben.

Die Wirsingblätter klein schneiden, waschen und zusammen mit den Garnelen in die Soße geben. Das Gericht ist fertig, sobald der Wirsing weich ist.

Für dieses Gericht verwende ich nur die helleren inneren Blätter des Wirsings, der vom Vortag übrig geblieben ist.

BRASSICA ITALICA ET HORDEVM ET CINARAE

Brokkoli, Gerste und Artischocken

Zutaten

- 1 Zwiebel
- Olivenöl
- 1 Tasse Gerste
- 1 großer Brokkoli
- 1 Glas Artischockenherzen
- Honig
- Meersalz
- Liebstöckel
- Majoran

Zubereitung

Die Zwiebel klein schneiden und in reichlich Olivenöl anbraten. Sobald die Zwiebelstücke braun sind, die Gerste dazugeben, das Ganze mit zwei Tassen Wasser auffüllen und 15 Minuten kochen lassen. Danach den Brokkoli, in kleine Röschen geschnitten und gewaschen, und die Artischockenherzen dazugeben. Alles mit Honig, Salz und den Kräutern abschmecken und weitere 5 Minuten kochen lassen.

BRASSICA ITALICA CAMMARI IN IVRE AMYGDALINO

Brokkoli mit Garnelen in Mandelsoße

Zutaten

1 Zwiebel
Olivenöl
1 Tasse Mandelmilch
Sojasoße
3 Zehen Knoblauch
Honig
Liebstöckel
Majoran
1 großer Brokkoli
1 kleine Packung Garnelen

Zubereitung

Die Zwiebel klein schneiden und in reichlich Olivenöl anbraten. Die Mandelmilch und die Gewürze dazugeben. Den Brokkoli in kleine Röschen schneiden, waschen und zusammen mit den Garnelen in die Soße geben. Das Ganze 5 bis 10 Minuten kochen.

FABAE CVM CAPPARIBVS ET OLIVIS

Bohnen mit Kapern und Oliven

Zutaten

1 kleine Zwiebel
Olivenöl
1 Dose weiße Bohnen
1 kleine Dose Kapern
1 kleine Dose schwarze Oliven
½ Tasse rote Linsen
frische Petersilie
frischer Majoran
1 Ei
Meersalz

Zubereitung

Die Zwiebel schneiden und in Olivenöl anbraten. Die Bohnen, Kapern und Oliven ohne den Sud dazugeben, außerdem die roten Linsen und zwei Tassen Wasser. Die Petersilie und den Majoran klein schneiden und dazugeben. Das Ganze 10 Minuten kochen lassen. Dann das Ei unterheben und weitere 5 Minuten ziehen lassen. Mit Salz abschmecken.

CEPAE IN VINO ASSATAE

Geschmorte Weinzwiebeln

Zutaten

4 große Zwiebeln
Olivenöl
500 ml Liter Rotwein
½ TL Pfeffer
4 TL Honig

Zubereitung

Die Zwiebeln grob schneiden und mit etwas Öl anbraten. Rotwein, Pfeffer und Honig darübergeben und so lange kochen, bis fast keine Flüssigkeit mehr übrig ist.

Weinzwiebeln sind eine wunderbare Beilage, um gerade Puls-Gerichte etwas aufzupeppen. Sie halten sich mehrere Tage im Kühlschrank.

ACETARIA CVM CAVLE ACIDO ET MALIS ET FABIS

Salat mit Sauerkraut, Apfel und Bohnen

Zutaten

1 Zwiebel
1 großer saurer Apfel (z. B. Boskop)
Weißweinessig
Meersalz
Olivenöl
1 frisches Sauerkraut vom Markt
(oder aus der Dose)
1 Dose weiße Bohnen
Petersilie

Zubereitung

Die Zwiebel und den Apfel in kleine Würfel schneiden und mit Weißweinessig, etwas Meersalz und Olivenöl mischen. Das Sauerkraut in einem Sieb abtropfen lassen und mit etwas Wasser kurz spülen. Die gewaschenen Bohnen und das Sauerkraut mit den anderen Zutaten vermengen. Etwas Petersilie darüberstreuen und servieren.

ACETARIA CVM BETIBVS ET MALIS

Rote-Bete-Apfel-Salat

Zutaten

1 Zwiebel
2 Rote Beten (aus dem Glas)
1 großer saurer Apfel (z. B. Boskop)
Weißweinessig
Meersalz
Olivenöl

Zubereitung

Die Zwiebel, die Rote Beten und den Apfel in kleine Würfel schneiden und mit Weißweinessig, etwas Meersalz und Olivenöl mischen.

LACTVCA CVM FRVMENTO COCTO

Blattsalat mit Bulgur

Zutaten

1 Tasse Bulgur
1 Block Schafskäse (Feta)
1 Zwiebel
Weißweinessig
Olivenöl
1 Salatkopf (z. B. Eisberg oder Lollo Bianco)
Meersalz
Honig

Zubereitung

Den Bulgur mit 1½ Tassen kochendem Wasser übergießen und ziehen lassen. Den Käse und die Zwiebel in kleine Würfel schneiden. Alles mit etwas Essig und Olivenöl mischen. Den Salat klein zupfen und waschen. Sobald der Bulgur abgekühlt ist, alles mit Meersalz und Honig in einer großen Schüssel vermengen.

ACETARIA CVM CVCVMERIBVS ET CASEO OVILLO

Gurkensalat mit Schafskäse

Zutaten

1 Salatgurke
1 Block Schafskäse (Feta)
1 Bund Dill
Weißweinessig
Olivenöl

Zubereitung

Die Salatgurke waschen und halbieren. Mit einem Teelöffel die Kerne herauskratzen und den Rest fein würfeln. Den Käse in etwa gleich große Würfel schneiden. Den Dill waschen und fein hacken. Alles mit etwas Essig und Olivenöl mischen.

ACETARIA CVM CVCVMERIBVS ET RADICVLIS ET PETROSELINO

Gurkensalat mit Radieschen und Petersilie

Zutaten

1 Salatgurke
1 Bund Radieschen
1 Bund Petersilie
Weißweinessig
Olivenöl
Salz
Pfeffer

Zubereitung

Die Salatgurke waschen und halbieren. Mit einem Teelöffel die Kerne herauskratzen und den Rest fein würfeln. Die Radieschen waschen und in etwa gleich große Würfel schneiden. Die Petersilie waschen und fein hacken. Alles mit etwas Essig und Olivenöl mischen. Mit Salz und Pfeffer abschmecken.

ACETARIA CVM CVCVMERIBVS ET OVIS

Gurken-Eier-Salat

Zutaten

1 Salatgurke
1 Block Schafskäse (Feta)
2 hart gekochte Eier
1 Bund Dill
Olivenöl
Senf
Weißweinessig

Zubereitung

Die Salatgurke waschen und halbieren. Mit einem Teelöffel die Kerne herauskratzen und den Rest fein würfeln. Den Käse und die Eier in etwa gleich große Würfel schneiden. Den Dill waschen und fein hacken. Für die Soße das Öl, den Senf und den Essig erst mischen, dann den fein gehackten Dill und die anderen Zutaten hinzugeben und vermischen.

ACETARIA CVM FABIS CITO PARATA

Schneller Bohnensalat

Zubereitung

Die Bohnen waschen. Die Zwiebel so fein wie möglich hacken. Bohnen mit Zwiebelstücken, Sojasoße und Olivenöl mischen.

Der absolut schnellste Bohnensalat der Welt. Besonders raffiniert, wenn man Trüffelöl und Trüffelsalz nimmt.

Zutaten

1 Dose weiße Bohnen
1 Zwiebel
Sojasoße
Olivenöl

SORBITIO EX FABIS ET CEPIBVS ET OLIVIS

Suppe aus Bohnen, Zwiebeln und Oliven

Zutaten

2 Zwiebeln
Olivenöl
1 kleine Dose schwarze Oliven
1 Dose weiße Bohnen
Pfeffer
Meersalz
Thymian
Oregano
Honig

Zubereitung

Die Zwiebeln klein schneiden und in reichlich Olivenöl anbraten. Sobald die Zwiebelstücke braun sind, die Oliven und die Bohnen dazugeben, welche vorher beide gründlich mit Wasser gespült wurden. Das Ganze mit drei Tassen Wasser auffüllen. Jeweils einen Teelöffel Pfeffer, Meersalz, Thymian und Oregano im Mörser fein zermahlen und zu der Suppe geben, dazu außerdem einen Esslöffel Honig. Alles 10 Minuten kochen lassen.

SORBITIO EX LENTIBVS ET CICERIBVS ET CAROTIS

Suppe aus Linsen, Kichererbsen und Möhren

Zutaten

2 Zwiebeln
Olivenöl
1 Tasse Möhren, geschnitten
1 Tasse Tellerlinsen
Sojasoße (oder Fischsoße)
Cumin (Kreuzkümmel)
Pfeffer
1 Dose Kichererbsen
Honig

Zubereitung

Die Zwiebeln klein schneiden und in reichlich Olivenöl anbraten. Sobald die Zwiebeln braun sind, die Möhren und die Tellerlinsen dazugeben. Das Ganze mit drei Tassen Wasser auffüllen. Mit Sojasoße, Cumin und Pfeffer würzen. 10 Minuten köcheln lassen, dann die gewaschenen Kichererbsen hinzufügen und weitere 10 Minuten köcheln lassen. Mit Honig abrunden.

SORBITIO EX FVNGIS ET CEPIBVS ET CVCVRBITVLA

Suppe aus Pilzen, Zwiebeln und Zucchini

Zutaten

- 2 Zwiebeln
- Olivenöl
- 2 mittlere Zucchini
- 1 Schälchen braune Champignons
- Pfeffer
- Meersalz
- Thymian
- Oregano
- Honig

Zubereitung

Die Zwiebeln klein schneiden und in reichlich Olivenöl anbraten. Zucchini und Pilze waschen und in kleine Scheiben schneiden. Sobald die Zwiebeln braun sind, die Pilze und die Zucchini dazugeben. Das Ganze mit drei Tassen Wasser auffüllen. Jeweils einen Teelöffel Pfeffer, Meersalz, Thymian und Oregano im Mörser fein zermahlen und zu der Suppe geben, dazu außerdem einen Esslöffel Honig. Alles 10 Minuten kochen lassen.

SORBITIO EX CVCVMERIBVS ACIDIS

Saure-Gurken-Suppe

Zutaten

2 Zwiebeln
Olivenöl
½ Tasse Hirse
1 Tasse Möhren, klein geschnitten
1 kleines Glas Essig- oder Honiggurken
Honig
Pfeffer
Meersalz

Zubereitung

Die Zwiebeln klein schneiden und in reichlich Olivenöl anbraten. Sobald die Zwiebelstücke braun sind, die Hirse und die Möhren dazugeben. Das Ganze mit drei Tassen Wasser auffüllen und köcheln lassen. Die Gurken durch ein Sieb abseihen, den Sud auffangen und zur Suppe geben. Die Gurken klein schneiden und mit Honig, Pfeffer und Meersalz würzen. Alles 15 Minuten köcheln lassen.

MORETVM

Geriebenes

Auch heute noch lieben es die Menschen des Mittelmeerraumes, wundervolle Pasten, Dips und Sossen aus Käse, Gemüse und diversen Kräutern und Gewürzen herzustellen. Die alten Römer verwendeten dafür ein Mortarium, eine Reibeschale. Diese Schale gab den Pasten und Sossen in der Folge den Namen Moretum, Geriebenes. Sie war aus Ton oder Steingut und der Reibestab aus Holz. Der Unterschied zu einem Mörser, den es auch schon gab, bestand darin, dass bei letzterem Mörser und Stössel aus demselben Material, meist Stein, bestanden. Das englische Wort „mortar" für Mörser stammt aber von Mortarium ab.

Die Sossen und Pasten wurden stets frisch angerührt. Oft sogar direkt am Tisch, weshalb auch viele Reibeschalen passend zum Tafelgeschirr aus Terra sigillata, einem rot glänzenden feinen Tongeschirr, hergestellt wurden.

Wenn das Wort „Moretum" ohne Ergänzung dasteht, ist stets die einfache weisse Käsecreme aus Ziegenkäse, Olivenöl und diversen Kräutern gemeint.

MORETVM ALBVM

Weißes Moretum

Zutaten

1 Becher Schafsjoghurt
3 Zehen Knoblauch
Olivenöl
1 Block Schafskäse (Feta)

Zubereitung

Die Zutaten mischen und mit einem Stabmixer pürieren. So viel Öl dazugeben, dass die Paste die gewünschte Konsistenz erreicht.

MORETVM VIRIDE

Grünes Moretum

Zutaten

- 1 Becher Schafsjoghurt
- 3 Zehen Knoblauch
- Olivenöl
- 1 Block Schafskäse (Feta)
- 1 Handvoll Dill, fein gehackt
- 1 Handvoll Petersilie, fein gehackt
- 1 Handvoll Rucola, fein gehackt

Zubereitung

Die Zutaten mischen und mit einem Stabmixer pürieren. So viel Öl dazugeben, dass die Paste die gewünschte Konsistenz erreicht.

MORETVM EX CICERIBVS

Kichererbsenpaste (Hummus)

Zutaten

2 Dosen Kichererbsen
3 Zehen Knoblauch
Olivenöl
1 TL Cumin (Kreuzkümmel)
½ TL Pfeffer
2 TL Honig

Zubereitung

Die gewaschenen Kichererbsen mit den klein geschnittenen Knoblauchzehen und den anderen Zutaten mischen und mit einem Stabmixer pürieren. So viel Öl dazugeben, dass die Paste die gewünschte Konsistenz erreicht.

MORETVM ALBVM EX FABIS

Weißes Bohnen-Moretum

Zutaten

2 Dosen weiße Bohnen
3 Zehen Knoblauch
Olivenöl
½ TL Pfeffer
2 TL Honig
½ Tasse Hartkäse, gerieben
1 Zwiebel

Zubereitung

Die gewaschenen Bohnen mit den klein geschnittenen Knoblauchzehen und den anderen Zutaten, außer der Zwiebel, mischen und mit einem Stabmixer pürieren. So viel Öl dazugeben, dass die Paste die gewünschte Konsistenz erreicht. Zum Abschluss die fein geschnittene Zwiebel unterheben.

MORETVM EX FABIS FVSCIS

Braunes Bohnen-Moretum

Zutaten

2 Dosen weiße Bohnen
3 Zehen Knoblauch
Olivenöl
½ TL Pfeffer
2 TL Honig
½ Tasse Hartkäse, gerieben
Sojasoße
1 TL Cumin (Kreuzkümmel)
1 Zwiebel

Zubereitung

Die gewaschenen Bohnen mit den klein geschnittenen Knoblauchzehen und den anderen Zutaten, außer der Zwiebel, mischen und mit einem Stabmixer pürieren. So viel Öl dazugeben, dass die Paste die gewünschte Konsistenz erreicht. Zum Abschluss die fein geschnittene Zwiebel unterheben.

OVA ET CASEVM

Eier und Käse

Ab ovo usque ad mala – vom Ei bis zu den Äpfeln – lautete ein römisches Sprichwort. Diverse Eiergerichte bildeten stets den Auftakt zu einem Mahl. Ob als Ova elixa, gekochte Eier, oder als Ova frixa, gebratene Eier – Eier waren Bestandteil vieler Gerichte. Sie bildeten neben dem Käse für die ärmeren Römer die einzige Möglichkeit, tierische Proteine zu konsumieren.

Käse wurde aus der Milch von Ziegen und Schafen gewonnen. Viele der heute üblichen Käsearten waren bereits zur Römerzeit bekannt und beliebt. Kuhmilch jedoch wurde fast gar nicht verwendet, da man sie zur Aufzucht der Kälber brauchte. Rinder waren die Zugmaschinen der Antike, sie dienten nicht der Milch- und Fleischproduktion.

OVA MIXTA CVM CASEO OVILLO ET CEPIBVS VERNIS

Eieromelette mit Schafskäse und Frühlingszwiebeln

Zutaten

- 4 Eier
- Olivenöl
- 3 Zehen Knoblauch
- 1 Bund Frühlingszwiebeln
- 1 Block Schafskäse (Feta)

Zubereitung

Die Eier aufschlagen und mit etwas Öl verquirlen. Knoblauch, Frühlingszwiebeln und Schafskäse klein schneiden. Die Eier in eine geölte Pfanne geben und die anderen Zutaten gleichmäßig darauf verteilen. Sobald das Ei gestockt ist, das Omelette wenden und in der Pfanne mit Deckel garen.

LAGANVM CVM FVNGIS ET CASTANEIS

Pfannkuchen mit Pilzen und Maronen

Zutaten

Für die Pfannkuchen

4 Eier

etwas Öl

1 EL Mehl

Für die Beilage

1 Zwiebel

Olivenöl

1 Schale braune Champignons

1 Dose Maronen

Sojasoße

Honig

½ TL Pfeffer

½ TL Zimt

Zubereitung

Die Eier aufschlagen und mit etwas Öl und dem Mehl verquirlen. Etwa 10 Minuten stehen lassen, damit sich das Mehl gut auflöst.

Zwiebel klein schneiden und in reichlich Olivenöl anbraten. Pilze und Maronen vierteln und dazugeben. Mit der Sojasoße, dem Honig und den Gewürzen abschmecken.

Die Pfannkuchen in einer Pfanne ausbacken und mit der Beilage belegen.

LAGANVM CVM CVCVRBITVLIS

Zucchini-Puffer

Zutaten

4 Eier
Olivenöl
Meersalz
1 EL Mehl
2 mittlere Zucchini

Zubereitung

Die Eier aufschlagen und mit etwas Öl, Salz und dem Mehl verquirlen. Etwa 10 Minuten stehen lassen, damit sich das Mehl gut auflöst. Die Zucchini waschen und raspeln und zu der Masse hinzugeben. In einer Pfanne in reichlich Fett ausbacken.

Literaturhinweise

Gollmer, Richard: *Das Apicius Kochbuch aus der römischen Kaiserzeit.* Rheinbach, 2011.

Hellmayr, Leonie: *Gladiatoren.* 100 Seiten. Stuttgart, 2018.

Junkelmann, Marcus: *Gladiatoren. Das Spiel mit dem Tod.* Mainz, 2008.

Mann, Christian: *Die Gladiatoren.* München, 2013.

Peschke, Hans Peter von/Feldmann, Werner: *Kochbuch der alten Römer.* Mannheim, 2012.

Ingeborg Scholz
Kelten-Kochbuch
136 Seiten, Hardcover, 21 x 20 cm
ISBN 978-3-96481-005-2
Feines Brot & guter Käse
Einkorn-Handbrote
Cornish Pasty
Ingeborg Scholz
Kelten Kochbuch
Zauberfeder
www.ZAUBERFEDER.de
www.ZAUBERFEDER-SHOP.de

PATINA DE PISCE LVPO
PATINA DE CIDONE
OVA ELIXA
EDGAR COMES
RÖMER KOCHBVCH
128 Seiten
21 x 20 cm, Hardcover
ISBN 978-3-938922-86-6
EDGAR COMES
RÖMER KOCHBVCH
www.ZAUBERFEDER.DE
www.ZAUBERFEDER-SHOP.DE